まえがき

　本シリーズは「どうしたらできるようになるのか」「どうしたらうまくなるのか」という子どもの願いに応えるために，教師が知っておきたい「『運動と指導』のポイント」をわかりやすく示している。

　その特徴は「写真」にある。「写真」を使って運動の経過やつまずきを示すことで，動きと運動のポイントが明確になるようにしている。絵では示し得ない運動の姿をリアルに描き出し，それを日々の授業に役立てていただけることを願ってまとめている。

　このシリーズは，小学校における体育科の内容を考慮し，**「鉄棒」「マット」「とび箱」「ボール」「水泳」「陸上」「なわとび」「体つくり」**の8巻で構成している。それを筑波大学附属小学校の体育部並びに体育部OBで分担，執筆した。

　各巻のなかで取り扱う運動は，系統と適時性を考慮して配列し，基礎的な運動からその発展までを系統樹として巻頭に示した。

　本書は，このシリーズのなかの**「とび箱」**である。

　器械運動の領域に属するとび箱運動は，子どもたちにとっては，できるようになるのにかなり苦労する運動の1つであり，また，先生方にとっては，けがの心配などから思い切った指導が展開しづらい種目である。

　また，とび箱運動には，鉄棒やマットと同様，基礎となる感覚や技能を確実に身につけないと，むずかしい種目へ発展しない特性がある。

　そこで，本書では，「開脚とび・閉脚とび（かかえ込みとび）・台上前転・はねとび」の4つの種目を中心に，それぞれの種目の技能がどのような系統をたどって高まっていくのかを，できるだけ細かいステップで示すように工夫してみた。

　本書で示した内容が，子どもたちの実態を踏まえた指導や授業づくりの参考になれば幸いである。

　最後に，本書の出版にご尽力いただいた，多くの関係諸氏に心よりお礼を申し上げたい。

とび箱の授業づくり
10のコツ

1. 低学年の感覚づくりを大切に

とび箱運動では,「助走・踏み切り・跳躍・着地」とダイナミックな一連の動作が要求される。そこで,逆さになったり,腕で体重を支えたり,グルグルと回ったり,高い所からジャンプしたりする活動を,低学年の間に数多く体験させるとよい。遊びの感覚を活かしてゲーム化した形式で授業に取り入れるようにしたい。

2. スモールステップの発想でけがを防ごう

とび箱を準備していきなり開脚とびに挑戦すると,けがや事故が起きやすい。したがって,開脚とびの一連の動作を分析し,踏み切りのリズムやタイミング,とび箱への着手などのポイントを丁寧に理解させる必要がある。動作を区切ってとらえたり,既習のよく似た運動で置き換えながら指導する発想を大切にしたい。

3. 共通課題を設定した授業を中心に

とび箱運動では,学習者の技能差が広がりやすく,個人のめあてに応じて様々なとび方に挑戦させる指導を展開することが多い。しかし,全員の活動を把握できないために危険を伴うことにもなりやすい。改めて,共通課題として提示した技能を仲間と協力して高めていく形式の授業づくりの良さを提案したい。

4. 約束やルールをきちんと決めて守らせる

大きくて重い用具を扱うので,用具の出し入れや運び方などの授業の約束をきちんと決めて必ず守らせなければならない。また,順番待ちの方法などのルールも確実に守らせ,ふざけると事故につながることを理解させる必要がある。

5. 授業の場づくりを工夫しよう

とび箱を何台どのように用意するのかも大きな問題である。学習者の人数や場所の広さなどを考慮するだけでなく,技能の実態やつまずきの様子を把握して対処すべきである。そして,教材研究をもとに,とび箱の高さや置き方を工夫したり,技能のポイントをわかりやすく伝えたりする意識を重視したい。

6. お手伝いや動きを見合う場面を設定しよう

とび箱運動の練習では,とび箱の台数に限りがあるので,多くの者が順番を待つことになる。そこで,とび箱の周辺で順番待ちをするように工夫すると,仲間の動きを観察する活動を成立させることができる。上手な者の動きからコツをつかんだり,つまずいている者へアドバイスを送る場面にもなる。

7. 用具の取り扱いは確実に

とび箱は、重い1段目を必ず別にして運び、残りを重ねて運ぶように指導する。その際、向い合う2人が必ず横向きに移動することを原則とする。そして、とび箱の高さを示す数字を揃えて重ねたり、助走の方向からその数字が見えるようにとび箱を置いたりする習慣を確立すべきである。

8. 発展種目の取り扱いは慎重に

とび箱の授業では、とび箱の高さへの挑戦がめあてとなりがちである。踏み切り板の助けを借りると、子どもたちでも高いとび箱をとび越えることができる。

しかし、けがと隣り合わせであることを忘れてはならない。それだけに、発展種目の取り扱いは慎重にしたい。跳躍フォームの美しさの向上や友だちと動きを合わせて跳躍することを、授業のめあてにして発展させる手立てもある。

9. 先生の補助が技能を伸ばす

固い木でできたとび箱の上を回転したり跳躍したりすることは、かなり勇気が必要である。それだけに、とび箱の側で先生が補助をしてくれると、子どもたちは安心して練習に取り組めるようである。台上前転や開脚とびの補助のやり方を身につけて、積極的に補助をするとよい。

10. T・Tを生かした授業づくり

2人で1つの集団を指導するT・T（ティーム・ティーチング）がある。先生の補助が技能の向上や授業の安全な運営に有効と考えられるので、指導の手立てや教材研究を合同で進めて、可能な限りT・Tを取り入れる発想を大切にしたい。

とび箱の系統樹

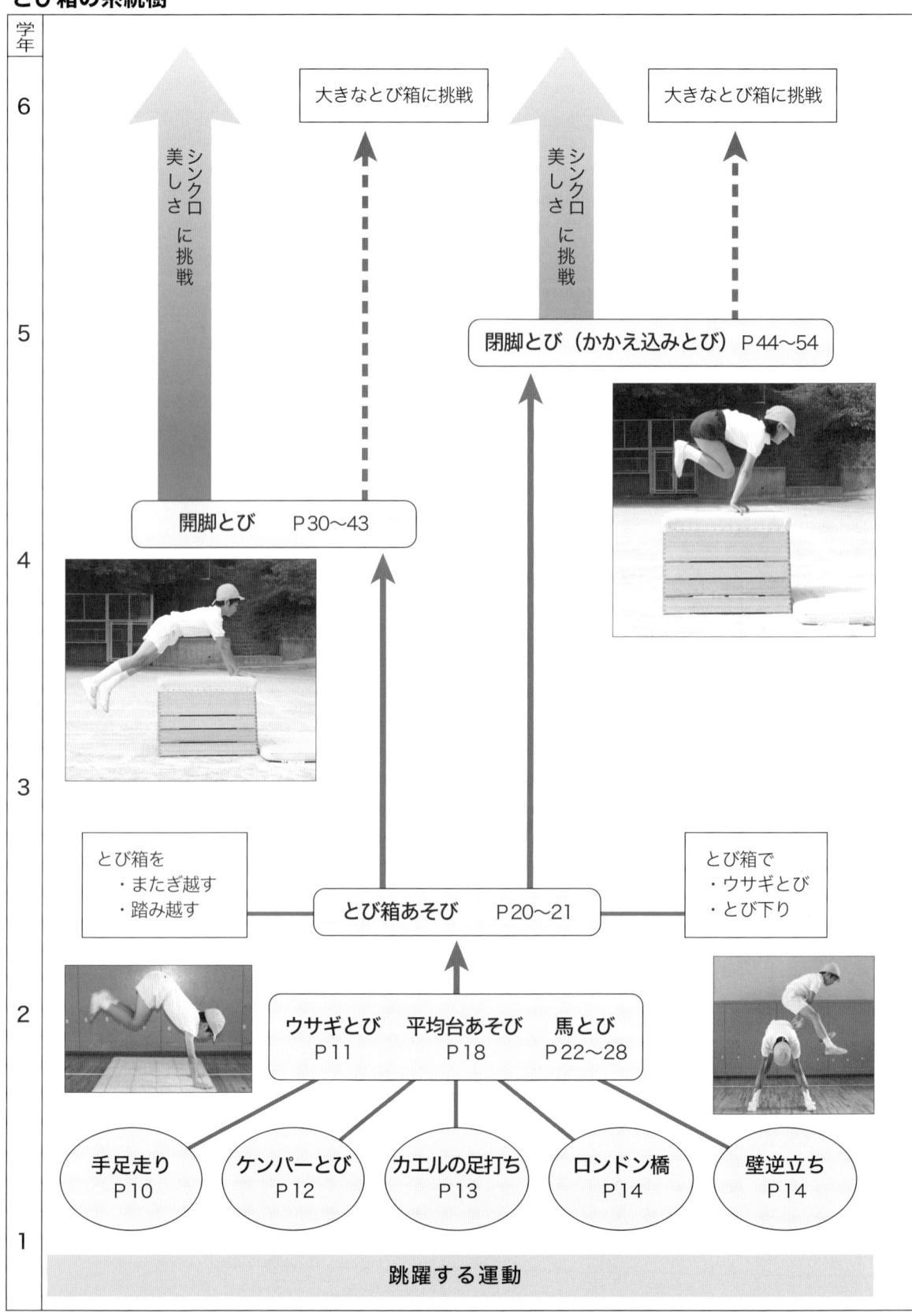

学年	
6	シンクロ 美しさ に挑戦　大きなとび箱に挑戦　シンクロ 美しさ に挑戦　大きなとび箱に挑戦
5	閉脚とび（かかえ込みとび）P44〜54
4	開脚とび　P30〜43
3	
2	とび箱を ・またぎ越す ・踏み越す　とび箱あそび　P20〜21　とび箱で ・ウサギとび ・とび下り
	ウサギとび P11　平均台あそび P18　馬とび P22〜28
1	手足走り P10　ケンパーとび P12　カエルの足打ち P13　ロンドン橋 P14　壁逆立ち P14
	跳躍する運動

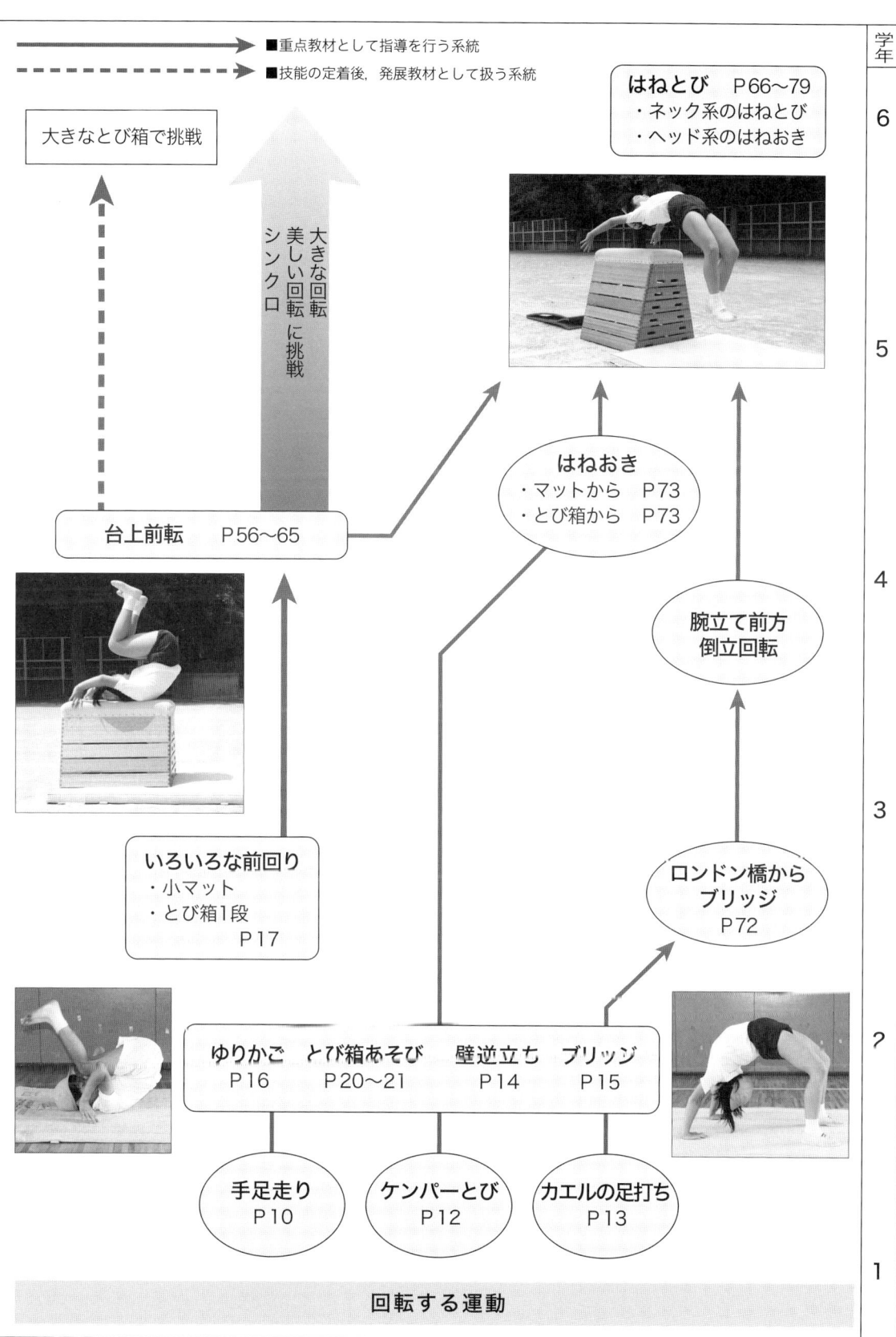

目次

◇まえがき　　　　　　　　　　　　　　　　　　　　　　　　　　　　1

◇とび箱の授業づくり10のコツ　　　　　　　　　　　　　　　　　2・3

◇とび箱の系統樹　　　　　　　　　　　　　　　　　　　　　　　4・5

I. 基礎感覚を養う運動

- ■手足走り　　　　　　　　　　　　　　　　　　　　　　　　　　10
- ■ウサギとび　　　　　　　　　　　　　　　　　　　　　　　　　11
- ■ケンパーとび　　　　　　　　　　　　　　　　　　　　　　　　12
- ■カエルの足打ち　　　　　　　　　　　　　　　　　　　　　　　13
- ■壁逆立ち　　　　　　　　　　　　　　　　　　　　　　　　　　14
- ■ブリッジ　　　　　　　　　　　　　　　　　　　　　　　　　　15
- ■ゆりかご　　　　　　　　　　　　　　　　　　　　　　　　　　16
- ■いろいろな前回り　　　　　　　　　　　　　　　　　　　　　　17
- ■平均台あそび　　　　　　　　　　　　　　　　　　　　　　　　18
- ■小さな台のとび越し　　　　　　　　　　　　　　　　　　　　　19
- ■とび箱あそびI　　　　　　　　　　　　　　　　　　　　　　　20
- ■とび箱あそびII　　　　　　　　　　　　　　　　　　　　　　　21
- ■馬とび　　　　　　　　　　　　　　　　　　　　　　　　　　　22
  - [発展]30秒間馬とび　　　　　　　　　　　　　　　　　　　　26
  - [発展]連続馬とび　　　　　　　　　　　　　　　　　　　　　26
  - [発展]馬とびマットとび越し　　　　　　　　　　　　　　　　27
  - ＊学習カードと資料　　　　　　　　　　　　　　　　　　　　28

II. 跳躍する運動

1. 開脚とび ―――――――――――――――――――――――― 30
   - [発展]水平開脚とび　　　　　　　　　　　　　　　　　　　　40
   - [発展]3台のとび箱を連続してとび越す　　　　　　　　　　　42
   - [発展]2～3人でタイミングを合わせて続けてとぶ　　　　　　42
   - ＊学習カードと資料　　　　　　　　　　　　　　　　　　　　43

2．閉脚とび（かかえ込みとび） ──────────────── 44
　　　[発展]いろいろなとび箱での閉脚とび　　　　　　　52
　　　[発展]水平閉脚とび　　　　　　　　　　　　　　52
　　　[発展]屈身の閉脚とび　　　　　　　　　　　　　53
　　　＊学習カードと資料　　　　　　　　　　　　　　54

Ⅲ．回転する運動

　1．台上前転 ──────────────────────── 56
　　　[発展]大きな回転の台上前転　　　　　　　　　　64
　　　＊学習カードと資料　　　　　　　　　　　　　　65
　2．はねとび ──────────────────────── 66
　　　[発展]屈腕のはねとび　　　　　　　　　　　　　76
　　　＊学習カードと資料　　　　　　　　　　　　　　78

Ⅰ. 基礎感覚を養う運動

基礎感覚を養う運動
手足走り

低

写真1

写真2

写真3

写真4

写真5

　手足走りは、頭が腰より下がった姿勢で手と足をリズミカルに動かして前方へ移動する運動である。腕の支持力と倒位の感覚を身につけることができる。

運動のポイント

①膝を床に着けないで腰を高い位置に保ち、あごを反って進む方向をしっかり見るようにする（写真1）。

②指導の隊形としては3～4列の横隊に広がり、片道10m位を手足走りで進み、かけっこで戻ってくるようにして、列ごとに順序よく練習させるとよい。そして、写真2・3に示した「ケンケン」や「アザラシ歩き」、次のページの「ウサギとび」などの運動と組み合わせて学習を進めると、子どもたちは興味を持って取り組める。

③写真4のように、太鼓を使って運動のリズムや速さの目安を示すと、動作の切り換えがわかりやすい。動き出す合図にもなるし、笛よりも音が柔らかいので授業の雰囲気も和やかな感じになる。

つまずく動きと指導のポイント

　写真5のように頭と腰が同じ高さになると、この運動が本来持つ意味を失ってしまう。リズミカルに素早く手足を動かすには、腕で体重を支える力と手足を協調させて動かすことが大切になる。
　「膝を伸ばして、おしりを高くしよう」とか、「まず、手をしっかりと動かそう」といった指導の言葉を使うと、この運動のポイントを理解しやすいようだ。雑巾がけのように手を床につけたまま移動する子どももいるので注意したい。

基礎感覚を養う運動
ウサギとび

低

　ウサギとびは，しゃがんだ体勢から両手を前へ振り出しながら両足で踏み切り，空中に浮いた体を両手で支えて両足で着地する運動である。できるだけ両手の近くに着地するとよい。
　この運動には，開脚とびや閉脚とびの踏み切りから着地までの体の使い方に類似した動きが含まれている。

写真1

運動のポイント

①あごを反って，進む方向をきちんと見るとともに，目線をできるだけ遠くに定めるようにする（写真1）。

写真2

②両足で踏み切ってから両手を床に着き，その次に両足を両手のところまで引き寄せるという順序で運動は続いていく（写真2）。
　「手・足，手・足，手・足」というように口伴奏で声を出して練習すると，動きのイメージを理解しやすい。

③写真3のように，頭より腰が高い姿勢で，足を後方へ高く上げて遠くへとぶウサギとびができるようになるとすばらしい。左のページで紹介した太鼓の枠の部分と面の部分を交互に叩いて，「トン・タ，トン・タ，トン・タ」というようなリズムを刻んでやるとよい。

写真3

つまずく動きと指導のポイント

　写真4のように，腰が頭よりも低い体勢のウサギとびでは，とぶ距離が短くなり，はずむ感じが見られない。これでは，開脚とびの踏み切りから着手へ移っていく大切なポイントにつながらない。
　また，手を着いた瞬間に離してジャンプする「カエルとび」になってしまうことにも注意したい（写真5）。
　「できるだけ遠くへ手を着こう」「もっと長く手を着いていよう」といった言葉かけで，腰高のウサギとびを意識させたい。

写真4

写真5

基礎感覚を養う運動

ケンパーとび

低

写真1

写真2

写真3

写真4

写真5

　ケンパーとびは，片足で続けてとぶ「ケンケン」と両足を少し開いて着地する「パー」を組み合わせた運動である。子どもたちの昔からの遊び「ケンケンパー」だが，とび箱運動の助走から踏み切りへの感覚づくりやタイミングを覚えるのに欠かせない運動である。

運動のポイント

①膝を曲げてやや沈み込んでから前方へとぶように意識することが大切である。そして，両腕を大きく振って体を持ち上げるようにすると，バランスよくケンケンができる（写真1・2）。

②片道10m程度をケンケンで往復する方法で練習したり，写真3のような着地位置を示す補助具を準備して，決められた場所をリズミカルにケンケンする方法もよい。ジグザクのコースや途中に両足を開いて小休止する「パー」の動作を組み込み，ケンケンから両足で着地するタイミングを覚えさせたい。

③両側からケンパーとびで進み，途中で出会ったらジャンケンをするゲームを行うと，楽しく練習できる（写真4）。

つまずく動きと指導のポイント

　写真5のように，膝を前に突き出し足を浮かしたままケンケンを行うと，空中の足に力が入りすぎてぎこちない動作になる。空中に浮かした足を軽く前後に振る感じで動かすように指導したい。反対に，空中に浮かした足を後ろへ直角に曲げたままケンケンをする者もいる。この場合も同じような指導が必要である。

基礎感覚を養う運動

カエルの足打ち

低

写真1

　カエルの足打ちは，写真1のようにウサギとびの要領で踏み切った両足を腰の位置まで引き上げて，足の内側をくっつけるようにして叩く運動である。両腕で体重をしっかり支えて逆さになると，足を3～4回くらい叩けるようになる。

運動のポイント

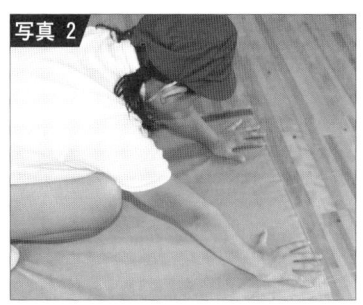
写真2

①写真2のように，指をしっかり開き肩幅の広さで両手を床に着くこと，肘が曲がらないよう腕にきちんと力を入れる感覚をつかむことが大切である。

②踏み切った足を上げていくよりも，腰を引き上げていく感じで力を入れるとやりやすい。足のかかとを腰にくっつけるように足を上げるとよい（写真3）。

③あごを反って，目線は床に着いた両手の中央を見るようにすると，背中が伸びて足も高く上がる。

写真3

つまずく動きと指導のポイント

　腰が頭よりも高く上がらないこと，踏み切りのタイミングがずれてしまうことが，この運動の代表的なつまずきである。
　その原因として，写真4のようにあごを引いておなかの方を見ながら踏み切ったり，腕で体重をしっかり支える前に踏み切ったりすることが考えられる。
　そこで，工作用紙で作った10cmくらいの大きさの「魔法の目玉」（写真5）を用意して目線の方向を具体的に示すと，あごを反って踏み切る感じがつかみやすい。

写真4

写真5

13

基礎感覚を養う運動
壁逆立ち

低・中

写真1

写真2

写真3

写真4

写真5

壁逆立ちは，背中が壁を向くように両手を着いて逆立ちを行い，壁を頼りに体重を支えてバランスを保つ運動である。台上前転やはねとびの踏み切りから着手までの感覚づくりにつながる（写真1）。

はじめは，写真2のようなおなかを壁に向けてよじ登る壁逆立ち（ロンドン橋）から練習するとよい。

運動のポイント

①ロンドン橋は，肩幅に開いた両手で自分の体重を支えて逆立ちの姿勢になる（写真2）。肘をしっかり伸ばし両腕に力を入れること，足の指の裏側で壁をよじ登ることが大切である。

②次に，壁際にマットを置き両手と頭で体重を支えて逆さになる頭つき逆立ちの練習を行う。踏み切った足を壁まで持ち上げていく感じをつかませる（写真3）。

③慣れてきたら，両手だけで支える壁逆立ちに挑戦させていく。勢いが足りない場合は，両腕を頭の後ろまで反ってから壁逆立ちを行ってみる（写真4）。最初に上がる足をできるだけ高くするイメージを大切にしたい。背中や腰などが壁についても構わないので，両腕で逆さになることをめあてに指導する。足を持ち上げる補助が大切になる。

つまずく動きと指導のポイント

逆立ちになる時，写真5のようにあごを引いたままでは，背中が伸びなくて足が高く上がらない。壁から20cmくらい離れたところにビニールテープを貼って手を着く目印にしたり，カエルの足打ちで使った「魔法の目玉」で目線の方向をはっきり示してやるとよい。

基礎感覚を養う運動

ブリッジ

低

　ブリッジは，写真1のように背中を反り，両手両足で体重を支えて「たいこ橋」のような体勢になる動作のことである。この運動では，はねとびで回転していく動作につながる感覚を身につけることができる。

写真1

運動のポイント

①仰向けに寝た体勢から写真2のように，膝と肘を立てて準備する。この時，親指が内側にくるように手首をねじりながら，手のひらを耳に近くの床に着く。

写真2

②あごを反って，目線は床を見るようにしながら，肘と膝を伸ばす感じで背中を反らしていく（写真3）。こうすると，背中が丸くきれいに伸びたブリッジができあがる。

③写真4のように2人組で，1人がブリッジになり，もう1人がブリッジの下をくぐる運動を組み合わせてもおもしろい。

写真3

つまずく動きと指導のポイント

　写真5のように，手の着き方の間違いが意外に多い。形は似ているが，肩の関節の動きがまったく違う。これでは，この動きの肩関節と背中を連動させて伸ばしていく感覚が身につかない。
　また，手首をねじらないで手のひらを着いたり，肘を曲げたまま背中を伸ばそうとするつまずきにも注意が必要となる。

写真4

写真5

15

基礎感覚を養う運動
ゆりかご

低

写真1

写真2

写真3

写真4

写真5

マットの上に仰向けに寝て、両膝を抱えて丸くなって体を前後に揺らしていく運動がゆりかごである（写真1）。

この運動は、台上前転の着地動作の感覚づくりにつながる。

運動のポイント

①はじめは、両膝を抱えて、体を前後に揺らすことから取り組んでいくが、揺れの小さい場合は足が上がっていくときに、背中や腿を軽く押すように補助してやるとよい（写真2）。

②次に写真3のように、しゃがんだ姿勢から後方に転がって元のところまで戻ってくる大きなゆりかごを行う。おしり、腰、背中、頭の順にマットに着くように、膝を抱えて体を丸くしたまま転がることが大切である。

③慣れてきたら、足が上がっていくときに、膝から手を離して膝を伸ばす大きなゆりかごに挑戦させる（写真4）。元へ戻る時には、再び膝を抱えてしゃがんだ姿勢になる。

つまずく動きと指導のポイント

揺れる動きを大きくしようと勢いよく転がると、写真5のように背中に力が入りすぎて、ブリッジのような感じになりやすい。この原因は、後ろに回る意識が強すぎて、あごを反ってしまうところにある。

「あごを引いたまま、足をいっしょに上げていく感じでころがるように」と言葉かけをするとよい。

基礎感覚を養う運動

いろいろな前回り

低・中

いろいろな前回りでは、小マットを３～５枚重ねたり、１段のとび箱を使った前回りを行って回転感覚を高めていく。この運動では、台上前転と同じような体の使い方や感覚を身につけることができる。

運動のポイント

①写真１・２のような高い場所への前回りでは、「イチ・ニ・サーン」の３拍子のリズムでいったん腰を上げてから前回りをするとよい。しっかり踏み切ってマットより腰を高く上げる。

②１段の高さのとび箱から低いマットへの前回りでは、まず、しっかりと両手をマットに着けてから回ることが大切になる（写真３）。それから、あごを引いておへそを見るようにして体を丸めて、とび箱を軽くけって回転する（写真４）。

③よじ登りの壁逆立ちから、壁をけって前回りをする。背中を反った姿勢から背中を丸め、肘を曲げながら頭を両腕の間に入れて前回りを行う（写真５）。
大きな動きの台上前転の感覚づくりにつながる運動である。

つまずく動きと指導のポイント

この運動のつまずきは、重ねたマットやとび箱に頭と両手を同時に着けて回ろうとするところにある。腰が頭より上がった回る体勢になっていないために、回転が止まってしまう。

手を着き、腰を上げてから回転するという、前回りの動きの順番を理解させることが大切になる。

写真1

写真2

写真3

写真4

写真5

基礎感覚を養う運動
平均台あそび

低・中

写真1

写真2

写真3

写真4

写真5

　平均台を使って、腕で体重を支えながら前に移動していく感覚をつかむのが、この運動のねらいである。開脚とびの着手から着地へ移っていく重要なポイントである「またぎ越し」の動作を身につけることができる（写真1）。

運動のポイント

①写真2のように平均台（高さ50cm）をまたいで座り、伸ばした両手を平均台に着けて準備する。腕を伸ばしすぎて必要以上に遠くに手を着かないように注意する。

②次に伸ばした両手で体重を支えながら両足で踏み切り、おしりを持ち上げて両手の近くまで移動して座る（写真3）。平均台を後ろにずらして動かすような感じで力を入れるイメージを持たせるとよい。

③慣れてきたら、立った姿勢から両手を着いて踏み切って前方に移動してみる（写真4）。両手を両足の間に入れていく感じで力を入れると、体が前に動く「またぎ越し」の感覚を意識できるようである。
　遠くへとびすぎると、平均台と足の間に両手をはさんで痛めることもあるので注意したい（写真5）。

つまずく動きと指導のポイント

　この運動のつまずきは、体重が両手にかからないうちにすぐに着地したり、平均台に座ってしまうことである。両手の真上に肩を動かすようなイメージで挑戦させるとよい。
　少しずつ遠くまで移動できるような意識を持たせる言葉かけを忘れてはならない。

基礎感覚を養う運動

小さな台のとび越し

低・中

写真1のような小さな台（ポートボール用の台）を開脚とびの要領でとび越す運動に挑戦させる。指導者が必ず補助について、安心感を持たせてから練習を始めることが大切である。

写真1

運動のポイント

①高さ40cm，長さ50cmくらいの台を準備し，その場から踏み切って，両手を着いて足を開いてとび越える練習を行う。腰を上げすぎないで，安全に越えられる台を用意したい（写真2）。

写真2

②勢いの足りない者に対しては，台の横に位置して，上腕を持って腰を押す補助を行うとよい（写真3）。補助を受けると，次第に腕で体重を支える感覚，台を後方へ押しやるまたぎ越しのイメージが理解できるようになる。

③低学年向けの小さいとび箱を活用して練習させる。慣れてきたらできるだけ遠くに着地することをめあてに取り組ませる。
等脚台形のとび箱なので恐怖心もやわらぎ，子どもたちも安心して挑戦できる（写真4）。

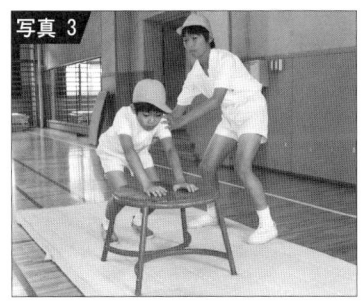
写真3

つまずく動きと指導のポイント

この運動のつまずきは，写真5のように，踏み切りの瞬間にしゃがんで小さくなり，ほんの一瞬だけ手を着きそのまま両足ジャンプでとび越すものである。

「長く手を着いていよう」「肩を前に出そう」といった言葉かけが大切になる。

写真4

写真5

基礎感覚を養う運動

とび箱あそび I

低・中

写真1

写真2

写真3

写真4

写真5

とび箱あそびIは、とび箱運動の助走から踏み切りのタイミングやリズム感、そしてとび箱からの着地の感覚づくりにつながる運動である。とび箱を「踏み越す・とび越える」という運動が中心となる。

運動のポイント

①写真1のように、膝くらいの高さ（1～2段）のとび箱を横に置いて、片足踏み切りでハードル走のようにまたぎ越して両足で着地する。めあては、力強い踏み切りと足を大きく開いてジャンプすることだ。マットに目標を置いて遠くにとぶ意識を持たせたい（写真2）。

②とび箱の踏み越しは、1～2段のとび箱を横に置き、助走から片足をとび箱の上に着けて踏み越す運動である。助走の勢いを落とさずに踏み切り、高くとぶようにする（写真3）。慣れたら目標を置き着地場所を競うゲームを行うとおもしろい（写真4）。

③次に、写真5のように空中で大の字になったり、手を叩いたり、体をひねってうしろ向きに着地するなど、いろいろな動作をしながらの踏み越しにも挑戦させるとよい。

つまずく動きと指導のポイント

このとび箱あそびで、最も問題になるのは、助走から踏み切りのタイミングを合わせられないことである。恐怖心から歩幅が必要以上に小さくなって立ち止まったり、リズムを崩してしまったりする。

とび箱の近くから3歩の助走で踏み切ることを意識させ、少しずつ助走距離を長くしていくとよい。

基礎感覚を養う運動

とび箱あそびⅡ

低・中

とび箱あそびⅡは，腕で体重を支えてとび箱に上がったり，腕支持の体勢からとび箱をまたいで座るなど，跳躍するとび箱運動の基本的な動きや感覚づくりに直接的につながる運動である。

写真1

運動のポイント

①腰の高さ（3～4段）のとび箱を縦に置き，両手をとび箱の上に着き，その場からウサギとびの要領で体を引き上げてとび箱の上に膝を着いて乗る（写真1）。乗ったら立って前へ移動して，両足踏み切りでジャンプしてとび箱から下りる（写真2）。

写真2

②慣れてきたら，3歩の助走から同じようにとび上がり，両足の裏でとび箱の上に乗るようにする（写真3）。
両足で踏み切ってからとび箱に着手して，その次に着地していくという運動の順序性を理解させるようにしたい。

③次に，3歩の助走から同じように両足で踏み切り，とび箱に手を着いてまたいで座る練習にも挑戦させてみる（写真4）。勢いがつきすぎると，両手の上に座って手を痛めることもあるので注意する。とび箱への着手が少しずつ遠くなるように指導するとよい。

写真3

つまずく動きと指導のポイント

写真5のように踏み切りの瞬間にしゃがんで小さくなり，ほんの一瞬だけ手を着きそのまま両足ジャンプでとび箱の上に乗ってしまうことが，この運動のつまずきだ。

マットを使ったカエルの足打ちやウサギとびの練習をしっかり行うことが大切になる。

写真4

写真5

基礎感覚を養う運動
馬とび

低・中

運動のポイント

台の中央に肩幅の広さで手を着く
指を開き指先に力を入れる

膝と肘を曲げてから踏み切る

つまずく動きと指導のポイント

●踏み切った瞬間に台から手を離す

➡ 肩と腰を支える補助をして練習させる

しっかりした馬が馬とびの技能を伸ばす　馬とびは2人で行う運動である。友だちの作る馬が強くて丈夫ならば，安心して練習を行うことができる。とび越す指導とともに，正しい馬の作り方と馬の大切さを時間をかけて理解させることを忘れてはならない。2人組は体格の同じくらいの者で作るようにする。

頭を馬の向こうへ出すようにする
着地する場所をしっかり見る

両手が足の間に見えるように馬を押す

● こわくて肩が前に出せない

足を開さ，両足の間に手を押し込む動作を練習する

指導のポイント

◆馬(台)の作り方

　最初から高い馬はとべない。そこで，次のように低い馬から練習を始めて次第に高い馬に挑戦させる。④の馬で完成。強くてしっかりした馬を作らせよう。

①低い馬

肩幅に手と膝をつく
頭は引っ込め背中を平らにする

②やや低い馬

肘と膝をしっかり伸ばす
手は肩幅に足はやや広く
頭を引っ込め背中を伸ばす

◆手の着き方

　台の背中に指を開いてしっかりと手を着くことは意外とむずかしい。左下の写真のようにしっかり開いて手を着くように指導する。

指を開いて着くことが大切！

ドラえもんの手はダメ！

③やや高い馬

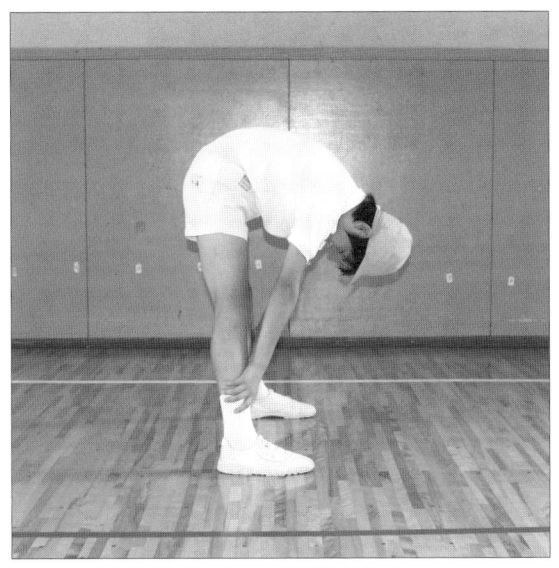

肩幅よりも足を広げ膝を伸ばす
肘を伸ばし足首をしっかりつかむ
頭を引っ込めて背中を伸ばす
この馬なら1年生でも大丈夫

④高い馬

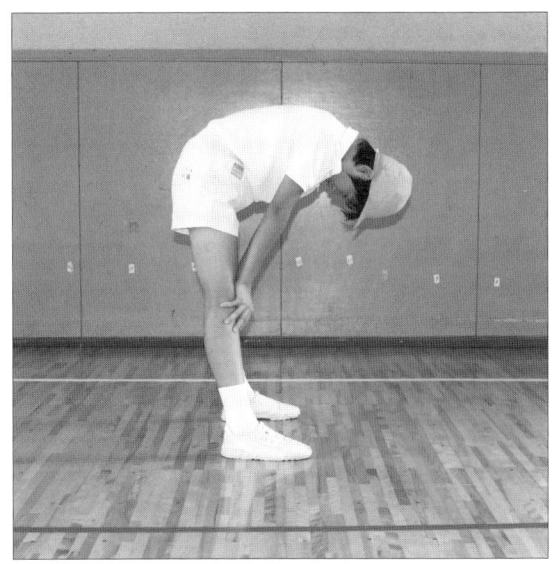

手で膝をしっかりつかむ
肘と膝は曲げない
あごを引き背中を平らにする
足は肩幅より少し広く

◆助走してとばないように

　慣れてくると助走をつけて遠くにとびたくなる。ところが，助走すると勢いが余って，台がくずれることがある。事故には十分注意したい。

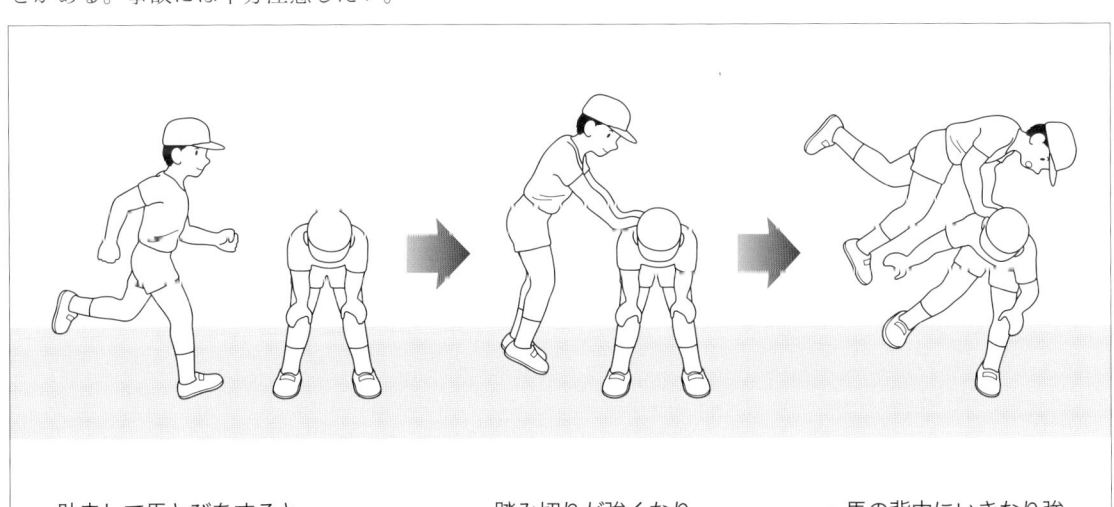

・助走して馬とびをすると‥‥

・踏み切りが強くなり，とぶ力がつきすぎる

・馬の背中にいきなり強い力が加わり，馬がくずれる事故となる

> **発展** 30秒間馬とび

下の写真のように1回馬とびをしたら,すぐに向きを変えて続けてとぶ。30秒間に繰り返して何回とべるか挑戦しよう。

左から右へとぶ　　　　　右から左へとぶ　　　　とびながら向きを変えてみよう

> **発展** 連続馬とび

3〜4人でグループを作り,連続の馬とびをする。仲間の馬をすべてとんだら,今度は自分が馬を作る。馬と馬との間隔に注意する。

4人でとぶ連続馬とび

最後の馬をとんで,2〜3歩進んで馬を作るとよい

発展 馬とびマットとび越し

マットの中央に作った馬をマットの外から踏み切ってとび越す。着地までの距離を少しずつ遠くにしていく。外から踏み切り，マットを越えて着地できれば完成。助走は絶対禁止。

マットは後ろに置いたとび箱より長い！　これができればとび箱もとべるはずだ

指導のポイント

はじめは，右の写真のように馬の位置をマットの真ん中よりも，踏み切り側に少し近づけるとよい。

グループで着地の場所を競争させると
おもしろい
チョークを使うと簡単にできる

学習カードと資料

◆馬とび30秒の記録カード

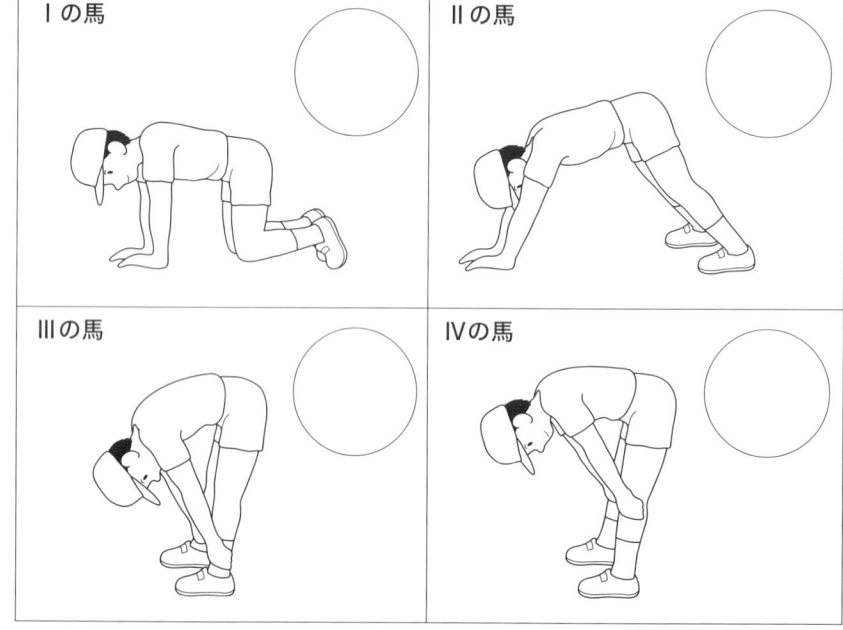

馬とびにちょうせんしよう

（　　　）組　なまえ（　　　　　　　　　　）

★30秒のあいだに何かい馬とびができますか。しらべてみます。
　１かいとんだらむきをかえ，反対からつづけてとぶようにします。
　馬のたかさは次の４つです。とぶことができる馬をじぶんでえらんでちょうせんしましょう。

Ｉの馬　　　　　　　　Ⅱの馬

Ⅲの馬　　　　　　　　Ⅳの馬

◆とべるようになった馬にはシールをはります。
◆馬をつくるときの注意。
　・手や足のひろさ
　・頭を引っ込める
　・ひじやひざをのばす

【馬とび30秒の記録】

月／日	／	／	／	／	／	／	／	／
回　　数								
馬のたかさ								

◆**馬とび30秒の記録の目安と得点化**

　馬とび30秒の記録を学年ごとに整理してみると，低学年の子どもは体重も軽く，慣れてくると記録が著しく向上するが，高学年になって体重が増えると記録の伸びが停滞したり低下する者もみられるようになる。また，男女差はそれほどないし，１年生ではとぶ馬の高さによって記録が異なるので次のようにとんだ回数を得点化（10段階）して評価するとよい。馬の高さが違っても，およその目安として有効である。

【馬とび30秒の記録】

回数	～9	～11	～13	～15	～17	～19	～21	～23	～25	～26
得点	1	2	3	4	5	6	7	8	9	10

Ⅱ. 跳躍する運動

跳躍する運動
開脚とび

中

運動のポイント

膝を曲げて少し沈み込む
両足の力強い踏み切りが大切

手はとび箱の真ん中より遠くへ着く

◆助走のしかた

踏み切りの前の1歩は大きく
膝を曲げてしっかり沈み込む
両腕は後ろから前に振り出す

◆着手について

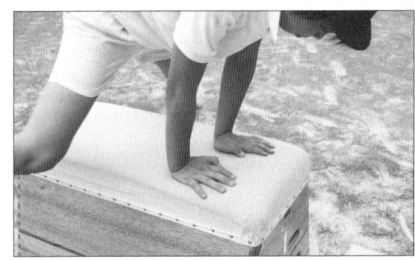

指を開き肩幅の広さで着手

腕をしっかり伸ばし
手を着く場所を見る

着手と突き放し　踏み切りからとび箱へ手を着く動作が「着手」、とび箱から着地へと移行する際にとび箱から手を放す動作が「突き放し」だ。開脚とびでは、この2つの「つく」が大切になる。

肩を手より前に
出していく

着地場所をきちんと見る
とび箱を後ろへ押す感じで

膝を曲げて柔らかく
着地

◆脚部の切りかえし（肩と手が並んだら、足を前方へ移動させていく）

頭をとび箱より前に出すイメージ

両手を股の間に押し込みながら、
とび箱を後ろへ押す

つまずく動き

●片足で踏み切ってしまう

助走から踏み切りへ切り換えるリズムが
つかめない
助走の歩幅が小さすぎる

●両手を前に出したまま踏み切る

腕で体を引き上げられない
踏み切りと着手を同時に行う
イメージになる

●踏み切る位置がとび箱に近い

こわくて思い切った踏み切り動作が
できない
膝がとび箱に触ってじゃまになる

3歩の助走で踏み切りのリズムをつかませる

「イチ」

「ニ」

「サーン」

着手へ

●とび箱の手前に着手してしまう

踏み切りが弱く，体を前に投げ出せない

●着手の肘が曲がり，指が開かない

恐怖心で，踏み切りから着手への
切り換えがおくれる

●とび箱の上に座ってしまう

馬とびと同じイメージでとんでしまう

●手でとび箱を後ろへ押せない

踏み切りの勢い不足
目線が近すぎる

●着地がとび箱すれすれになる

腰を上げないまま，早く
乗り越えようとする

●着地の体勢がくずれる

踏み切りが強すぎる

指導のポイント①

◆小さな台や丸いすなどをとび越す

馬とびの要領で助走は行わない

着手して自分の体を支える感覚を養いたい

◆初心者用のとび箱を活用する

普通のとび箱に比べて上部が短いためとび越しやすい

◆いろいろなものを使ってとび箱の練習ができる

＜高さの違い＞

◆こわさを取り除く工夫（小マットをうさぎとびでとび越す）

その場から腕を大きく振って着手へ

足を開いてとび越す

◆小マットを重ねてとび越す

3歩の助走から両足踏み切り

目印めがけてしっかり着手する

＜長さの違い＞

小マットを5枚重ねると1段の高さになる

35

指導のポイント②

◆まず、この運動を練習する（4段のとび箱への馬乗り）

膝を曲げて沈み込んでから踏み切る

真ん中より先に着手

腰をしっかり上げてから馬乗りになる

◆次は、この運動だ（馬乗りでとび箱を移動してまたぎ越す）

馬乗りの体勢で両手を前に伸ばす

腕に力を入れ腰を浮かして手の近くへ進む

股の間から両手でとび箱を押して着地

◆最後は、この運動だ（4段のとび箱の上から開脚の体勢でとび越す）

とび箱の先に着手して腰を上げる

頭をとび箱より前に出してとび箱を後ろへ押す

できるだけ遠くに着地する

◆こわさを取り除く工夫（とび箱を横に置く）

3歩の助走からしっかり踏み切る

肘を伸ばした着手

できるだけ遠くへ着地

◆練習の場の工夫

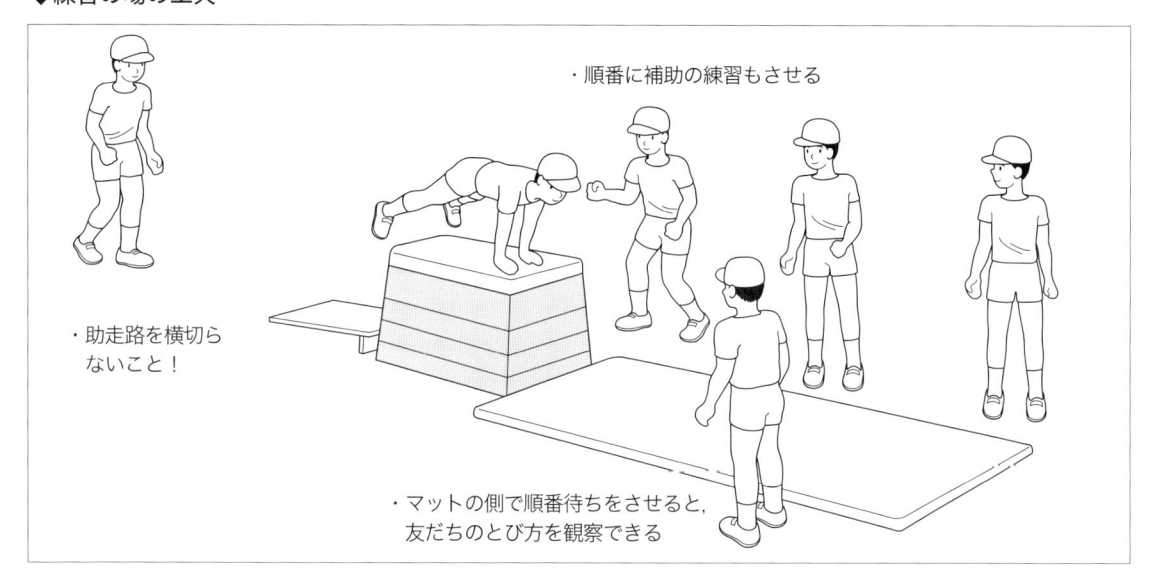

・助走路を横切らないこと！

・順番に補助の練習もさせる

・マットの側で順番待ちをさせると，友だちのとび方を観察できる

◆踏み切りや着手のめあてを具体的にする

チョークやテープで踏み切りや着手の位置をはっきり示す

指導のポイント③

◆ 2人並んだ馬とびがとべれば大丈夫

3年生の馬でも4段の高さの
とび箱と同じ大きさ

向こう側の馬の背中に手を着いてとぶ
1～3歩の助走で行うこと。長い助走は馬がくずれて危険

◆ こうすればこわくない

とび箱にうつ伏せに横たわった仲間
の背中に手を着いてとぶ
とび箱の堅いイメージがやわらぐよ
うだ

◆ 補助のしかた

上腕部をつかんで腿を前に押してやる（力加減に注意）
子どもの動きにタイミングをよく合わせる（おくれないこと）
開いた足にぶつからないように（立つ位置を工夫する）

◆とび箱を2台並べて高低差を活用した練習を行う

＜1段の高低差からとび越す＞　　　　　　　　　＜2段の高低差からとび越す＞

＜3段の高低差からとび越す＞

3歩助走からとぶ

着地場所を見る 　　　　　　　　　　　　　　　安定した着地

◆先生の補助が技能を伸ばす（T・Tを取り入れた授業づくり）

発展 水平開脚とび（膝を伸ばして雄大なフォームでとんでみよう）

最後の1歩を大きく踏み込み，力強くとび出す

肘を伸ばしてしっかり着手
踏み切った足を大きく振り上げる

指導のポイント

◆低いとび箱（3～4段）で足を振り上げる練習（とび越さない）

◆ゴムひもを使って足をはね上げる練習
　　　　（5～8段の高さ）

空中へ体を投げ出す感じをつかもう

40

頭を起こし，体をできるだけ水平にする
力強くとび箱を突き放す

できるだけ遠くに着地する
膝を曲げて安定した姿勢で着地

◆連結した2台のとび箱をとび越す（遠くにとぶ意識を持たせる）

最後の1歩は力強く

ロイター板の力を
上手に使う

向こう側のとび箱の
中央より先へ着手

足を高く振り上げる

視線を前に向けて

膝を曲げた安定した着地

発展 3台のとび箱を連続してとび越す

4〜6段のとび箱を3つ並べて置き，リズムよくとび越す

馬とびのように着地と同時に踏み切る

とび箱の間隔を子どもたちの技能レベルに合わせることが大切！

最後のとび箱を1段低くしたり横に置いて跳躍してもよい

発展 2〜3人でタイミングを合わせて続けてとぶ

掛け声をかけて動きをシンクロさせるなど工夫してもよい

学習カードと資料

★できたら，小さいしかくの中にシールをはります。

◆開脚とびができるまで　～こんな運動ができるようになった？～

①30秒で15回馬とびができる

②マットの横（1.2m）を馬とびでとべる

③横置き3～4段で開脚とびができる

④2段のとび箱から跳躍し，たて置き4段を開脚でとべる

⑤2，3歩助走から1段のとび箱を踏み切り，たて置き4段を開脚でとべる

⑥助走からたて置き1段（5段）のとび箱を開脚とびでとべる

◆とび箱の運び方

重い1段目は別にして運ぶ（2人で運ぶ）

残りのとび箱はまとめて運ぶ

後ろ向きに運ぶと危険　横向きにカニ歩きで運ぶ

跳躍する運動

閉脚とび（かかえ込みとび）

高

運動のポイント

踏み切りから着手までは開脚とびと同じだ

腰を頭より高く上げる
肩と頭がとび箱より前へ出ていく

◆閉脚とびとウサギとび

腰を上げ，伸びた足をたたむ
動きは閉脚とびそのものだ

両腕の間で足を抜くことはできない　閉脚とびにはとび箱に手を着いたまま足を抜いていくイメージがある。しかし，これはまったくの間違いだ。足はとび箱から手を離した後に，着地の体勢に入りつつ抜いていくのである。

◆足を抜くのはここだ

肩をとび箱より前に出し，腰が斜めになってから足を抜く

頭を起こし，両肩を前方へ出しながら着地へ

とび箱を後ろに押して足を抜く
着地場所をよく見る

膝を曲げた柔らかい着地

> **つまずく動き**

●とび箱の上に正座してしまう

踏み切りが弱い　　　腰が高く上がらない　　　勢いが弱く，動きが止まる

●着手と同時に手を放してとんでしまう（横置きの場合によく見られる）

しゃがんだ姿勢で
手を一瞬だけ着く

そのまま伸び上がってとび越える

●指を立ててとび越そうとする

とび箱を横に置くと見受けられる 　　　腕で支えて足を振り出す
ように乗り越える

●踏み切りが近すぎる

踏み切りが近くて，足や膝がじゃまになる 　　　　　　　足の甲がひっかかる

●とび箱の上でしゃがんだ体勢で止まってしまう

踏み切りが弱く，腰が
上がらない

とび箱の上で足を抜く
意識が強すぎる

勢いが止まって
座ってしまう

●片手を離してとび越す（横とび越しのようになる）

踏み切りの勢い不足
体の投げ出しがない

無理やり乗り越えようと
して手が離れる

こわくて思わず
手が離れる

47

指導のポイント①

◆マットを使ったウサギとび（マットの縫い目を利用して点数化する）

| 両手を後ろから大きく振り出す | できるだけ遠くに着手して腰を上げる | 両手を前に出して着地頭もしっかり起こす |

◆小マット（長さ120cm）を使った連続のウサギとび（一定時間に何回できる？）

| ウサギとびでマットをとび越す | 着地後，素早く向きを変える | 逆方向にウサギとび |

◆手を着いたところより前方に着地するウサギとび

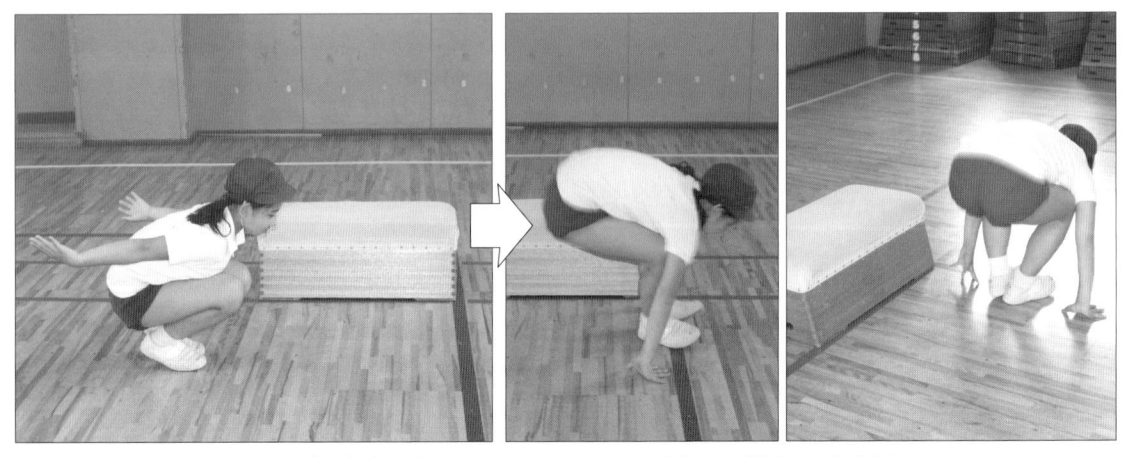

| テープやチョークで踏み切りと着地の目印を示す | めあての線をとび越そう |

◆3歩助走からとび箱にウサギとびでとび上がり～ジャンプ（3～4段を縦置き）

リズミカルにしっかり踏み切る　　　　　　ウサギとびの要領でとび箱の上にとび乗る

着地からできるだけ素早くジャンプする　　　　　　柔らかく着地

◆ウサギとびで重ねた小マットをとび越したりとび箱にとび乗る

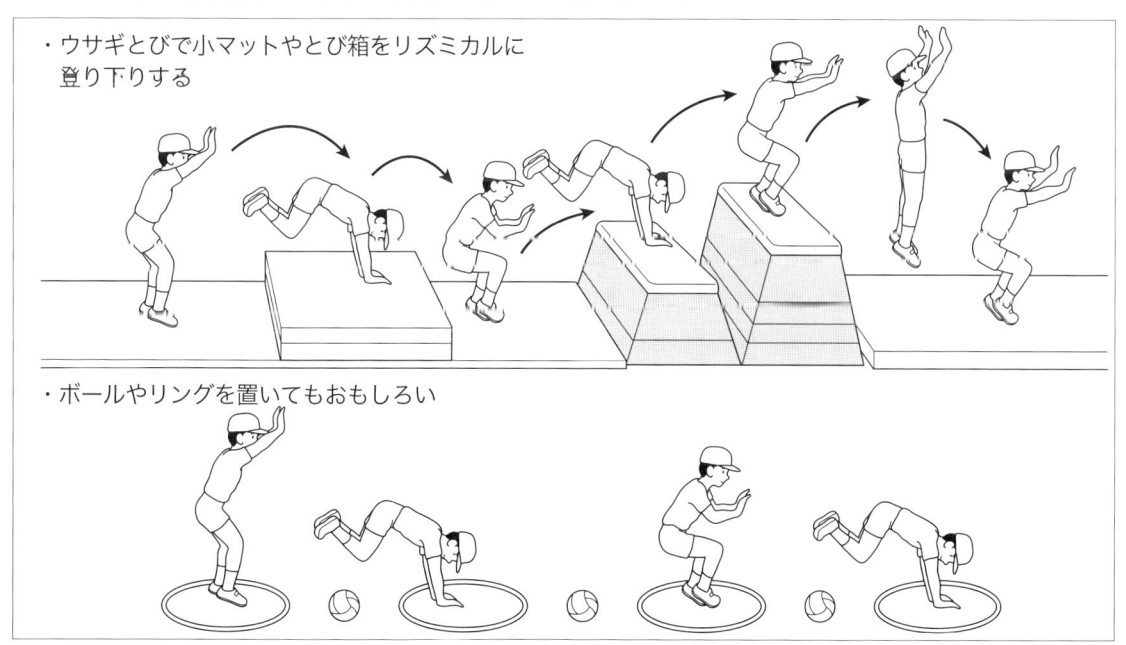

・ウサギとびで小マットやとび箱をリズミカルに
　登り下りする

・ボールやリングを置いてもおもしろい

指導のポイント②

◆2台つなげた2～4段のとび箱からウサギとびでとび下りる

| 手を伸ばして構える | とび箱の端に手を着く
頭をとび箱の前に出す
イメージで | | 下りながら足を抜き着地へ |

◆縦置き1段のとび箱を閉脚(ウサギとび)でとび越す

| その場からウサギとび～とび乗り | | | 着地したら台上から前まわり |

| 2～3歩助走から閉脚とびに挑戦 | | とび箱を後ろへ押す感じで着地
勇気を持って挑戦！ |

◆小マットを重ねて閉脚とびの着地のこわさをやわらげる（横置き３〜４段で）

小マットを5枚重ねる
その場から踏み切る

頭を前に出す意識で

膝を曲げて着地へ

小マット２枚以下は３歩助走で

短い助走で小マットなしに挑戦！

◆３段の縦置きのとび箱で閉脚とびに挑戦

しっかり踏み切る
踏み切り位置にテープ
を貼る

着手して腰を上げ頭を
とび箱の前方へ出して
いく

力強く突き放す

頭を起こして着地へ

> **発展** いろいろなとび箱での閉脚とび（高いとび箱ではロイター板を活用）

横置き8段のとび箱 　　　長さ80cmのとび箱（縦置き） 　　　長さ100cmのとび箱（縦置き）

> **発展** 水平閉脚とび（縦置き5〜8段のとび箱／長さ80cm）

踏み切った足を大きく振り上げ，体を水平にする
頭を起こして，着地場所を確認して足を曲げてとび越す

◆腰を上げ膝を伸ばした開脚とび

着手したら腰を　　　　　膝を伸ばして　　　　　体勢がくずれた場合の
上げ足も伸ばす　　　　　とび越す　　　　　　　前転を意識しておく

発展 屈身の閉脚とび（下の２つの運動を試してから挑戦しよう）

踏み切りの力をしっかり支える

力強く突き放し，とび箱の上で足を抜く感じでとぶ

着地場所を見る

◆膝を伸ばしたウサギとび（とび箱へのとび上がりも大切だ）

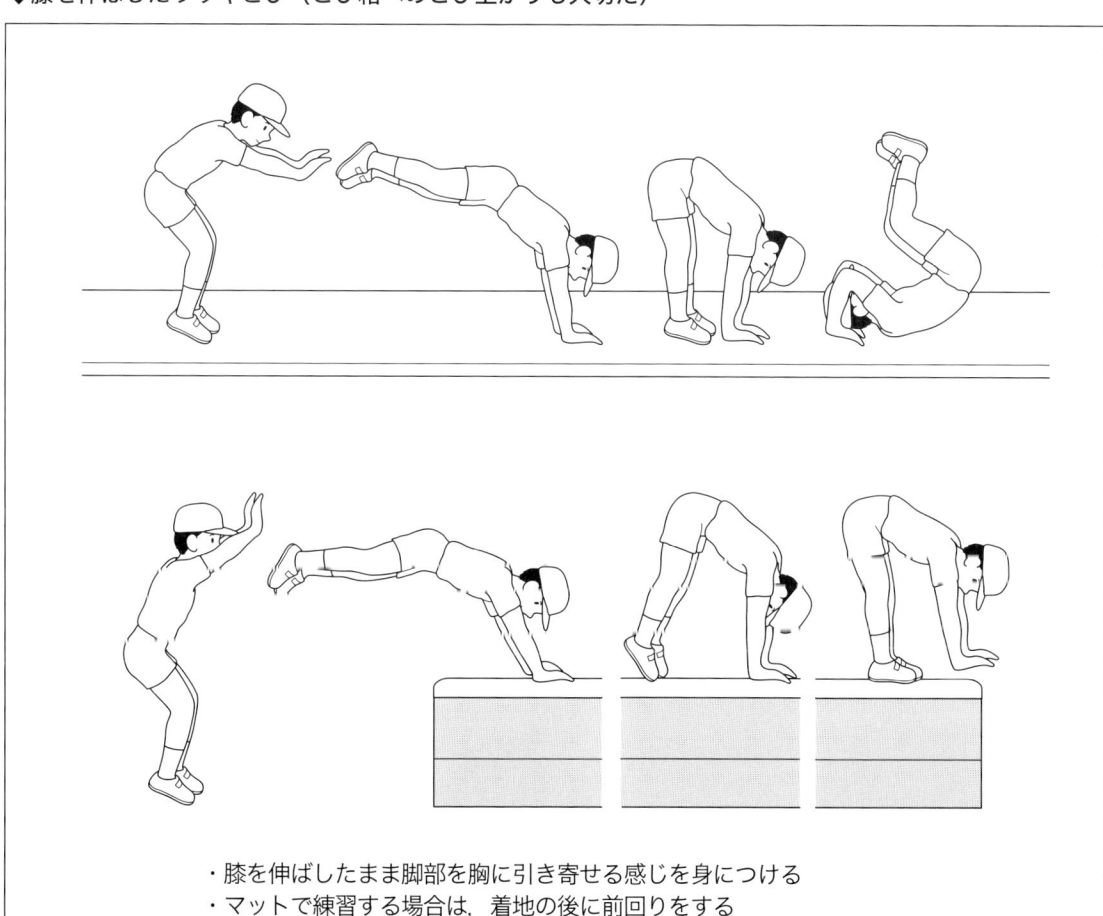

・膝を伸ばしたまま脚部を胸に引き寄せる感じを身につける
・マットで練習する場合は，着地の後に前回りをする
・屈身の閉脚とびの動きにつながる，とび箱へのとび上がりにも挑戦

学習カードと資料

★できたら，小さいしかくの中にシールをはります。

◆閉脚とびができるまで　〜こんな運動ができるようになった？〜

① ウサギとびの連続がリズムよくできる
（手・足・手・足の順で）

② ウサギとびでラインとび越しができる
（着手位置より遠くへ着地）

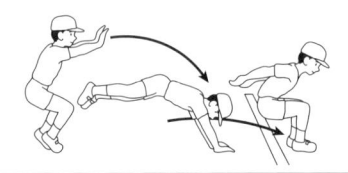

③ たて置き3〜4段のとび箱へとび上がり下り
（ウサギとび）ができる

④ 2台つなげた縦置き2〜4段のとび箱の上から
ウサギとびで下りることができる

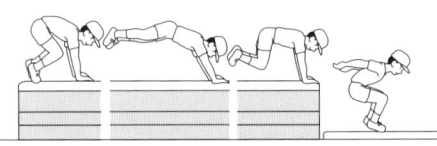

⑤ 横置きのとび箱で閉脚とびができる
（4〜5段）

⑥ たて置きのとび箱で閉脚とびができる
（4〜5段）

◆とび箱とマットが離れない工夫（軽いとび箱は不安定になるので注意！）

マットの端にとび箱を合わせて上に置くとよい

マットの高さはロイター板を使って解消する

54

III. 回転する運動

回転する運動
台上前転

中・高

運動のポイント

しっかりと踏み切り，着手していく

とび箱の一番手前に着手し，腰を高く上げる

腰をここまで上げてから頭を両腕の間に入れる

◆とび箱への着手

指をしっかり開き指先に力を入れる

とび箱の角を持ってもよい

とび箱の大きさ・長さ　　小学校で使うとび箱は，長さが80cmのものと100cmのものとがある。80cmのとび箱の高さは，1段で30cm，2段で40cm，3段で50cm，以下10cmずつ高くなる。100cmのとび箱の方は，1段で30cm，2段で45cm，3段で60cm，4段で75cm，以下10cmずつ高くなる。

後頭部，背中，腰の順にとび箱に着けていく

あごを引き，目線はおなかを見る感じ背中を丸めて回る

膝を曲げて着地する

◆着手から頭着け

腰を上げる

腕をたたむ

頭を着ける

57

つまずく動き

●手と足を同時に着いてしまう

着手→腰上げ→頭着けの順番を考えずにあわてて回る

●腰が上がらずに回転できない

早く回ろうとして、足をちぢめすぎる

●片足で踏み切ってしまう

幅とびのような感じになり、前転につながらない

●頭のてっぺんを着いてしまう

腕をたたみながらあごを引く感じがつかめない

●とび箱の中央に着手し着地を失敗

踏み切りが近すぎる
手を着く位置をチョークなどで示すとよい

着地でおしりから落ちる

●背中が反ってブリッジのようになる

足を早く床に着けようとしてしまう
膝を抱え込むイメージがない

頭のてっぺんを着いたまま背中を
反らせてしまう

●まっすぐ回れない

頭をとび箱の端に着いてしまう

平行に手を着くことが
できない

●起き上がるタイミングがおくれる

手を離して体を丸める感じがつかめない

顔を起こすように回る感じが大切

指導のポイント①

◆カエルの足打ちから前回り（普通のマットで）

カエルの足うちを2回
（イチ，ニー）

カエルの足打ち3回目から前回りをする（サン）
腰をしっかり上げた後に，腕をたたんで回る

◆小マットでまっすぐに前回り（大きいマットに線を引いてもOK）

斜めに回ってマットから落ちないようにする
腰を上げ，両腕の間に頭を入れて後頭部をマットに着ける感じをつかむ

◆ウサギとびからの前回り

・しっかり踏み切り，空中に浮く感じをつかむ
・両手で体重を支えてから，腕を曲げ頭を入れて前回りをする
・ウサギとびの勢いを生かして前回りをする

◆高いところへ上がる前回り（その場から両足踏み切りで）
＜セーフティマットを使って前回り＞

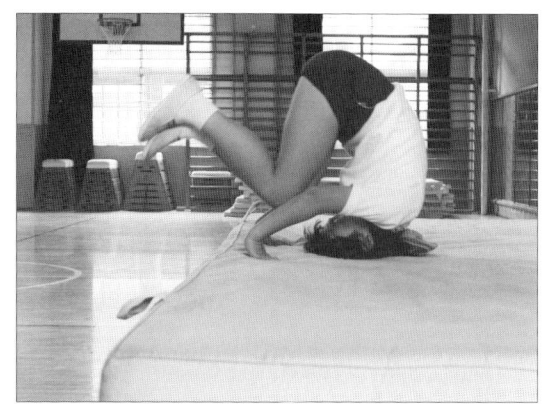

手前に手を着いて回る意識で

＜小マット5枚重ねて前回り＞

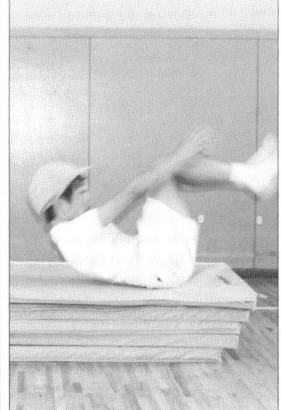

腰上げの準備動作から頭を着けて回る順序をおぼえる

◆高いところから下りる前回り

セーフティマットや小マットの上で
前回りをして，下のマットに下りる

とび箱1段（連結）の上で
前回りをして下りる
膝を抱えて回る

指導のポイント②

◆ロンドン橋（よじ登り逆立ち）から前回りをする

| ロンドン橋から壁をけって前に倒れる | 腕を曲げて頭をマットに着ける | 背中を丸めて前回りをする | 膝を抱えて起き上がる |

◆1〜2段のとび箱で台上前転を行う（重ねた小マットでもよい）

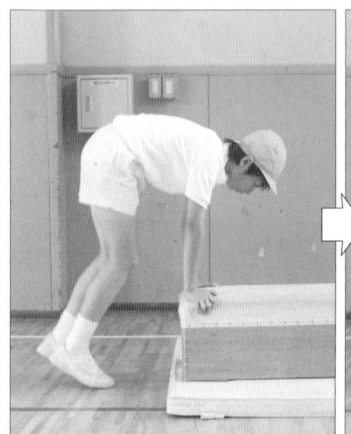

はじめはその場から腰を上げる準備動作を2回行い、3度目に踏み切る（慣れたら1〜3歩の助走で行う）
手はとび箱の一番手前に着く

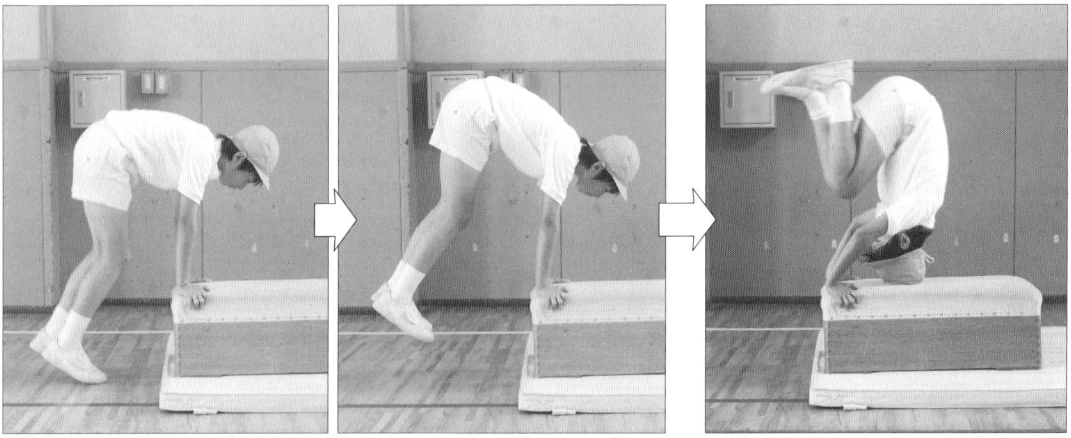

腰を高く上げてから頭を着けて回る

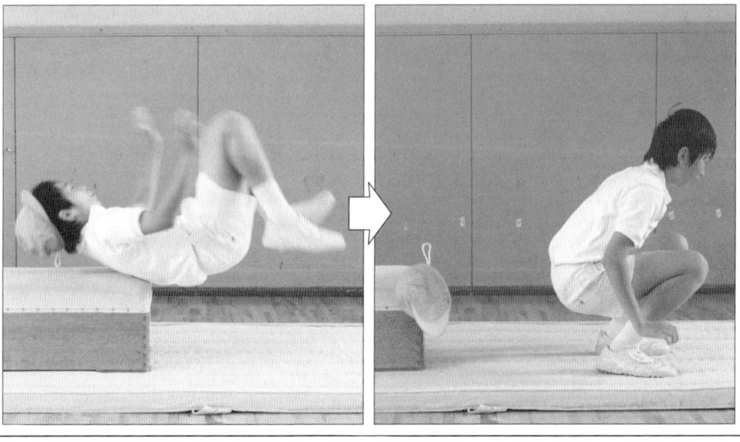

頭を起こし膝を抱えながら起き上がる
安定した着地へ

◆3〜4段のとび箱で勢いをつけて台上前転をする

2つのとび箱を連結させ，3〜4段の高さから下りる感じを身につけていく
1〜2歩の助走から挑戦する
手前の低いとび箱にリズムよく乗り，しっかり踏み切る

低い方のとび箱は2段より高くしないように注意

◆こうすればこわくない

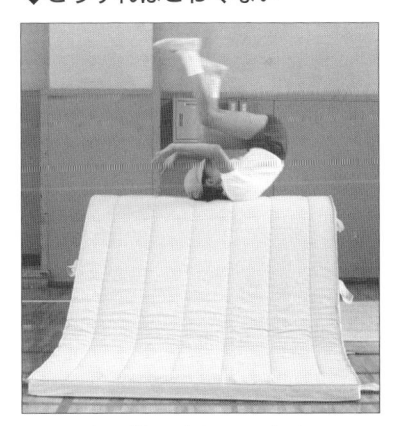

とび箱の上にマットをかぶせて行う

とび箱の横に位置して，勢い不足の場合に肩を支えながら腿を押して補助する

発展 大きな回転の台上前転

踏み切って腰を高く上げ，体を伸ばしていく
とび箱は6〜8段で，ロイター板を50cmくらい離して行う

着手しても背中を丸めない

膝を伸ばして，つま先が高いところを通るように回る

大きくスピードに乗って足を前に振り出すように回る
はねとびの学習につなぐ意識を持たせる

膝を曲げた着地へ

学習カードと資料

★できたら，小さいしかくの中にシールをはります。

◆台上前転ができるまで　～こんな運動ができるようになった？～

① マットに60cm幅の線を引き，その間をまっすぐに前回りできる

② 小マットを3枚重ねて前回りすることができる

③ 1段のとび箱をたてに2台つなぎ，その上からおしりを打たないで前回りできる

④ たて1段の端に手を着き，台上前転ができる（3拍子でその場から踏み切る）
トン・トン・トーン

⑤ 2，3歩助走から1段のとび箱で台上前転ができる（たて置き）

⑥ 助走からたて置き3～4段のとび箱で台上前転ができる

◆こうすれば斜めに回転しても安心だ

両側に補助者を配置する

横に落ちない工夫を施した補助具をとび箱の上に装着する

65

回転する運動

はねとび

高

運動のポイント① ネック系のはねとび

◆ネック系のはねとびの流れ

| 最後の1歩は大きく踏み込む | 腰を上げ，とび箱の中央に着手 | 後頭部から背中の3分の1が着いたら足を振り出し始める |

◆台上前転との動きの比較

台上前転はとび箱の手前に手と頭を着く

膝を伸ばすことなく胸にくっつける感じで回る

とび箱は横に置く，それとも縦に置く？ 　とび箱を縦に置くと，台上前転とはねとびの両方を同時に指導することができる。技能差を考慮すると，この方がよい。横置きでは全員がはねとびに挑戦するしかない。ただ，背中をとび箱の角にぶつけやすいので注意が必要だ。

足を斜め上に振り出す感じで
力強く伸ばす
ブリッジになる感じ

胸を張り背中を大きく反らす
両腕でとび箱を押す

膝を曲げた着地
勢いでバランスを崩しやすい
ので注意

背中は丸めてとび箱に
着けて回る

頭は起こし，背中を丸めたまま着地

運動のポイント② ヘッド系のはねとび

◆ヘッド系のはねとびの流れ

| 力強く踏み切る | 腰を上げて着手へ | 両手と前頭部（額）の3点で体を支え
足を伸ばし始める（はね動作へ） |

◆ネック系とヘッド系のはねとびの違い

（1）頭と手の着き方

　　　　　＜ネック系のはねとび＞　　　　　　　　　　　＜ヘッド系のはねとび＞

両手を着き，続いて後頭部と背中の一部を
とび箱に着ける

前頭部（額）と両手を同時に
とび箱に着ける

68

膝を伸ばし，足を勢いよく振り出す（はね動作）空中へ浮き上がる感じで	あごを反り両腕でとび箱を突き放す胸も反らすイメージで	体を反らしたまま膝を曲げて着地膝の衝撃をやわらげる

（2）足を振り出してはねるタイミング

<ネック系のはねとび>   <ヘッド系のはねとび>

背中をとび箱に着け，腰が頭より前に動いてから足を振り出す	背中をとび箱に着けないで，腰が頭の真上に動いたら足を振り出す

つまずく動き

●足を前に振り出す（はね動作）のタイミングがつかめない

前転しすぎて振り出しが遅れる

踏み切りが弱く，回転が止まってしまう

体を反っただけで倒れてしまう

足を伸ばすだけで勢いがない

●回転の後半にとび箱を腕で押すことができない

体を反るだけではね動作がない
着地動作になっても手が離せない

→ とび箱を横にして補助者が背中を押すと，腕を伸ばしてはねる感じがわかってくる

●着地でとび箱やマットに背中や腰をぶつけてしまう

手前に着手してはねる 　　　　　　　　　　　　はね動作のないまま倒れる

ブリッジのようになり，腰がとび箱の　　　　　腰が伸びないので，そのまま
端にぶつかる　　　　　　　　　　　　　　　　マットに落ちてしまう

●はね動作であごを引き背中を反った姿勢が保持できない

①頭が起きて，回っていく方向を見てしまう　　②はねの方向が上すぎたり，腰を伸ばす感じが
　　　　　　　　　　　　　　　　　　　　　　　つかめない

指導のポイント①

◆ロンドン橋からブリッジ〜壁の近くで行う〜

壁におなかを向けて頭つき逆立ちをする

壁を軽くけって，背中を反らしながら倒れていく

足先の方向に注意してブリッジをつくる
あごを反らせる

◆ゆりかごからブリッジの姿勢になる（はね動作の感じをつかむ）

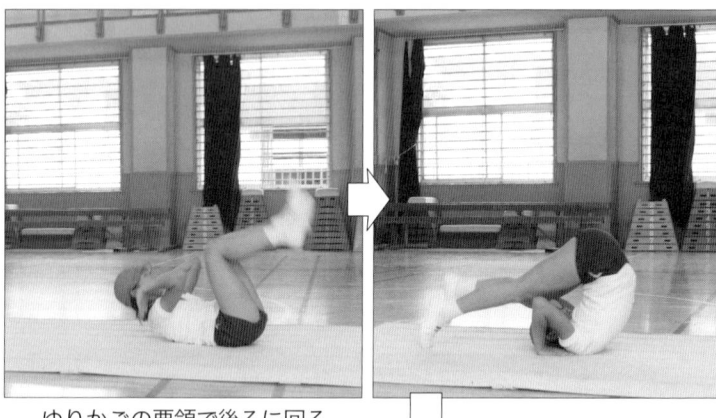

ゆりかごの要領で後ろに回る

膝を伸ばしてつぶれた姿勢になる

足を振り出し背中を反らしてはね起きる

形はくずれてもブリッジの体勢を保つようにする

◆ゆりかごから長座の姿勢になる（セーフティマットの活用）

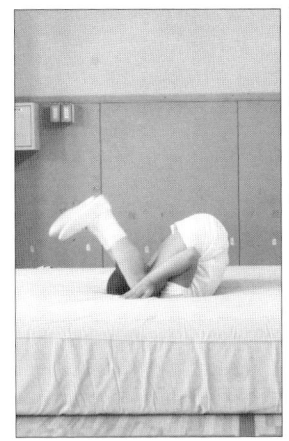

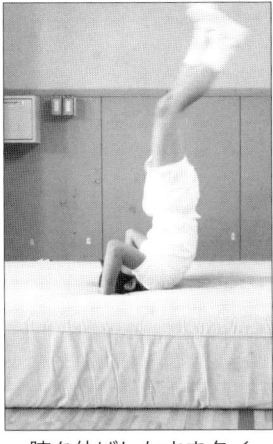

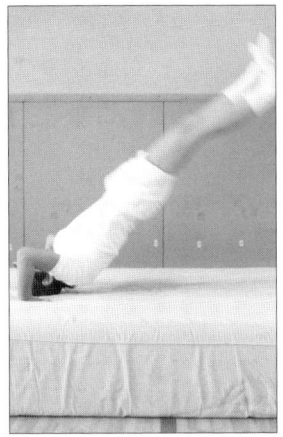

膝を伸ばしたままタイミングよくはねる

この体勢から腕を伸ばし，マットを押す

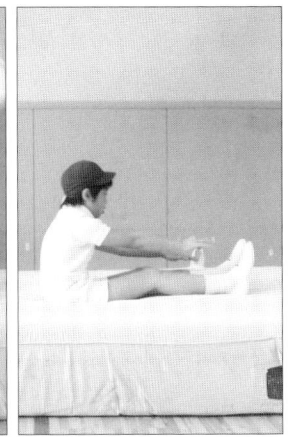

手を前に出し長座ですわる

◆セーフティマットを使ったはね動作の練習（縦置きで）

踏み切って頭支持の体勢になる

体を反らしてそのままセーフティマットに倒れる
腕を伸ばしブリッジになる感じで

◆とび箱を使ったはね動作の練習

3段の高さでは着地の感じをつかむようにする

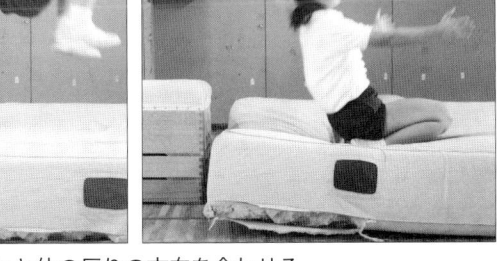

はねと体の反りの方向を合わせる
はねるタイミングを意識する

指導のポイント②

◆とび箱から足を振り出しながら着地する（4～6段の高さで）

とび箱の角を後ろ手につかむ
腕を伸ばしたまま、足を後ろに振り上げる

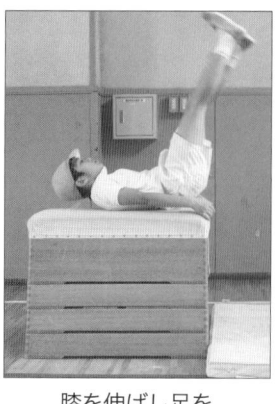

膝を伸ばし足を振り出す

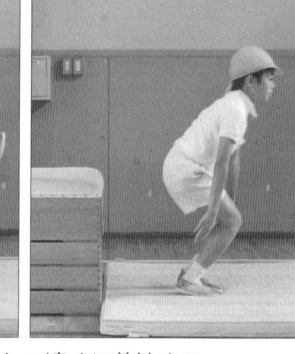

腕でとび箱を押して遠くに着地する

◆膝を伸ばした台上前転（足の振り出しの感覚をつかむ）

膝を伸ばすと回転速度が速くなる感じをつかむ
膝を伸ばし、つま先が高いところを回る意識を持つ
足の振り出しがはね動作のリズムにつながる

74

◆2台連結したとび箱からのはねとび（ネック系）

| 手前のとび箱から
ゆっくり前転する | 足を振り出して
はね動作へ | 補助ではねる感じを
つかませる | ブリッジになる意識
で着地（補助） |

◆とび箱の段差を使ったはねとび（ネック系）〜慣れたら手前のとび箱を低くして挑戦させる〜

| 手を着く位置をチョーク等
で示す | 足を伸ばす方向とタイミング
を工夫する | とび箱を押してはね動作
につなげる |

◆指導者の補助で安心して挑戦できる

| 5〜6歩の助走からしっかり
踏み切る | とび箱の中央に着手して，
ゆっくり腰を上げる | はね動作のリズム変化を
大切にする |

75

発展 屈腕のはねとび（腕を曲げ，頭を着けないはねとび）

しっかり助走し強く踏み込む

手をしっかり開き体重と踏み切りの勢いを支える

腰を高く上げ，大きく空中へとび出す

回転のスピードに合わせて足を振り出す

◆頭の浮いている様子と着手

◆屈腕のはねとびのポイント

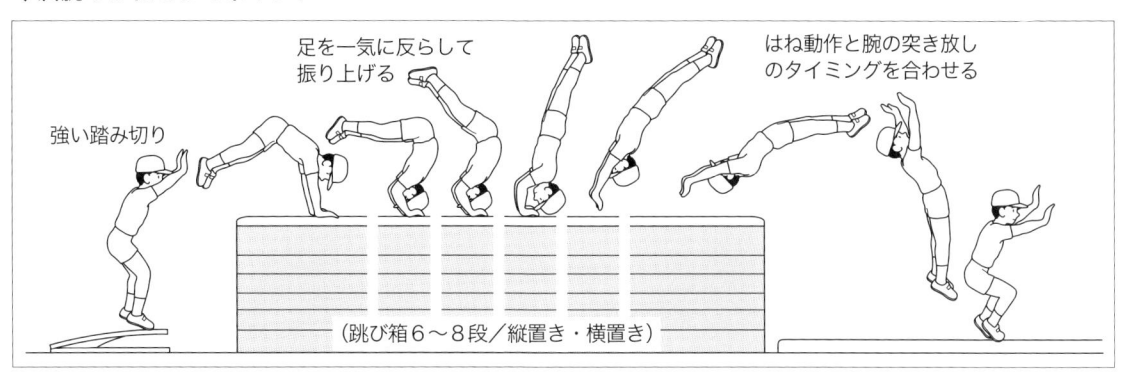

強い踏み切り　足を一気に反らして振り上げる　はね動作と腕の突き放しのタイミングを合わせる

（跳び箱6～8段／縦置き・横置き）

★ヘッド系のはねとびの技能が高まり，踏み切りをさらに強めていくと，頭が少し浮いたとび方になる。これが「屈腕のはねとび」である。

腰や背中を反らしてはねていく

胸を張って頭を起こしていく

腕でとび箱を強く突き放す

膝を曲げて着地する
腕を広げバランスを保つ

学習カードと資料

★できたら，小さいしかくの中にシールをはります。

◆ネック系のはねとびができるまで　～こんな運動ができるようになった？～

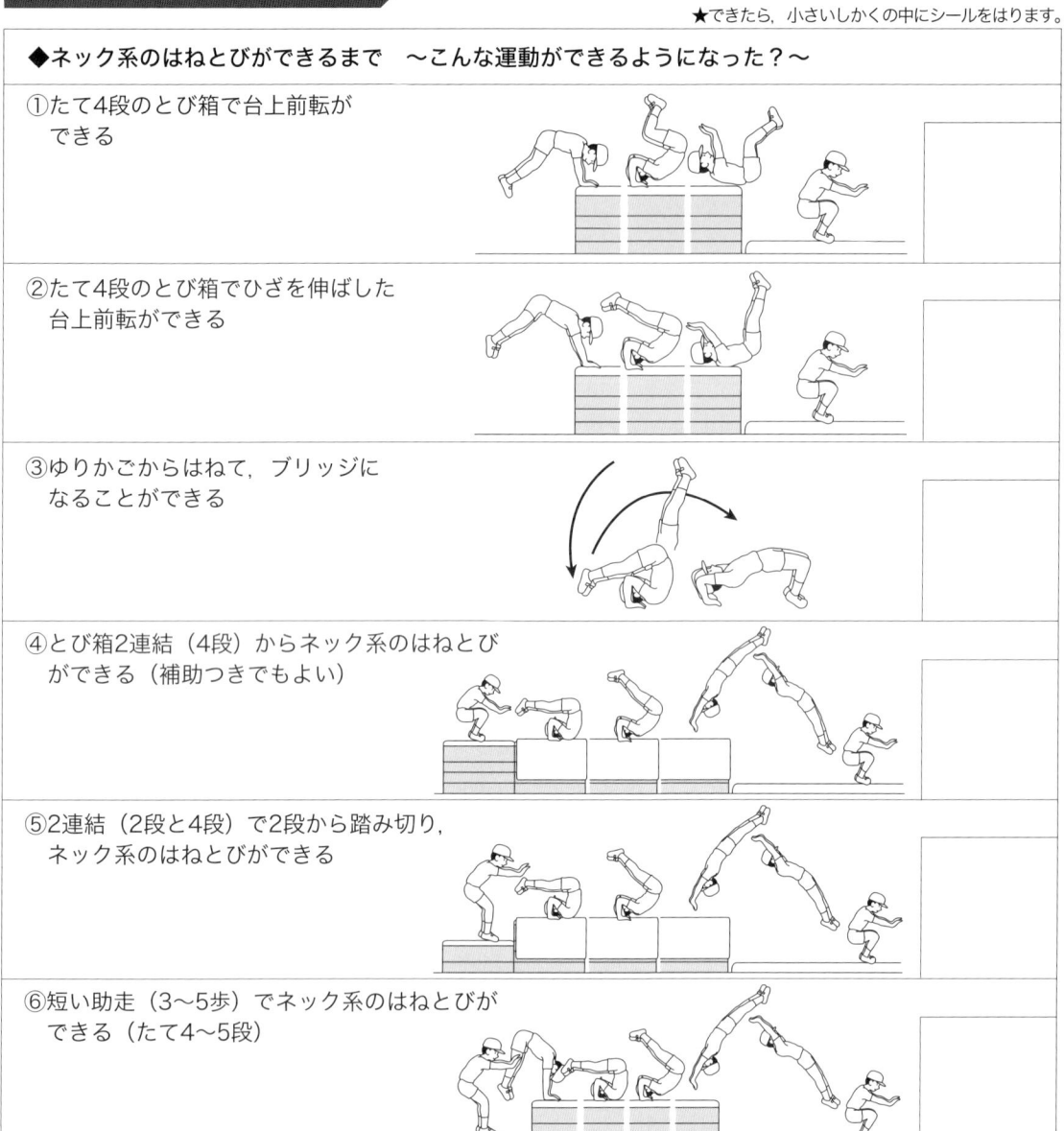

①たて4段のとび箱で台上前転ができる	
②たて4段のとび箱でひざを伸ばした台上前転ができる	
③ゆりかごからはねて，ブリッジになることができる	
④とび箱2連結（4段）からネック系のはねとびができる（補助つきでもよい）	
⑤2連結（2段と4段）で2段から踏み切り，ネック系のはねとびができる	
⑥短い助走（3～5歩）でネック系のはねとびができる（たて4～5段）	

◆踏み切りから着手がうまくできない者への指導の工夫（壁に向かってのジャンプ）

78

学習カードと資料

★できたら，小さいしかくの中にシールをはります。

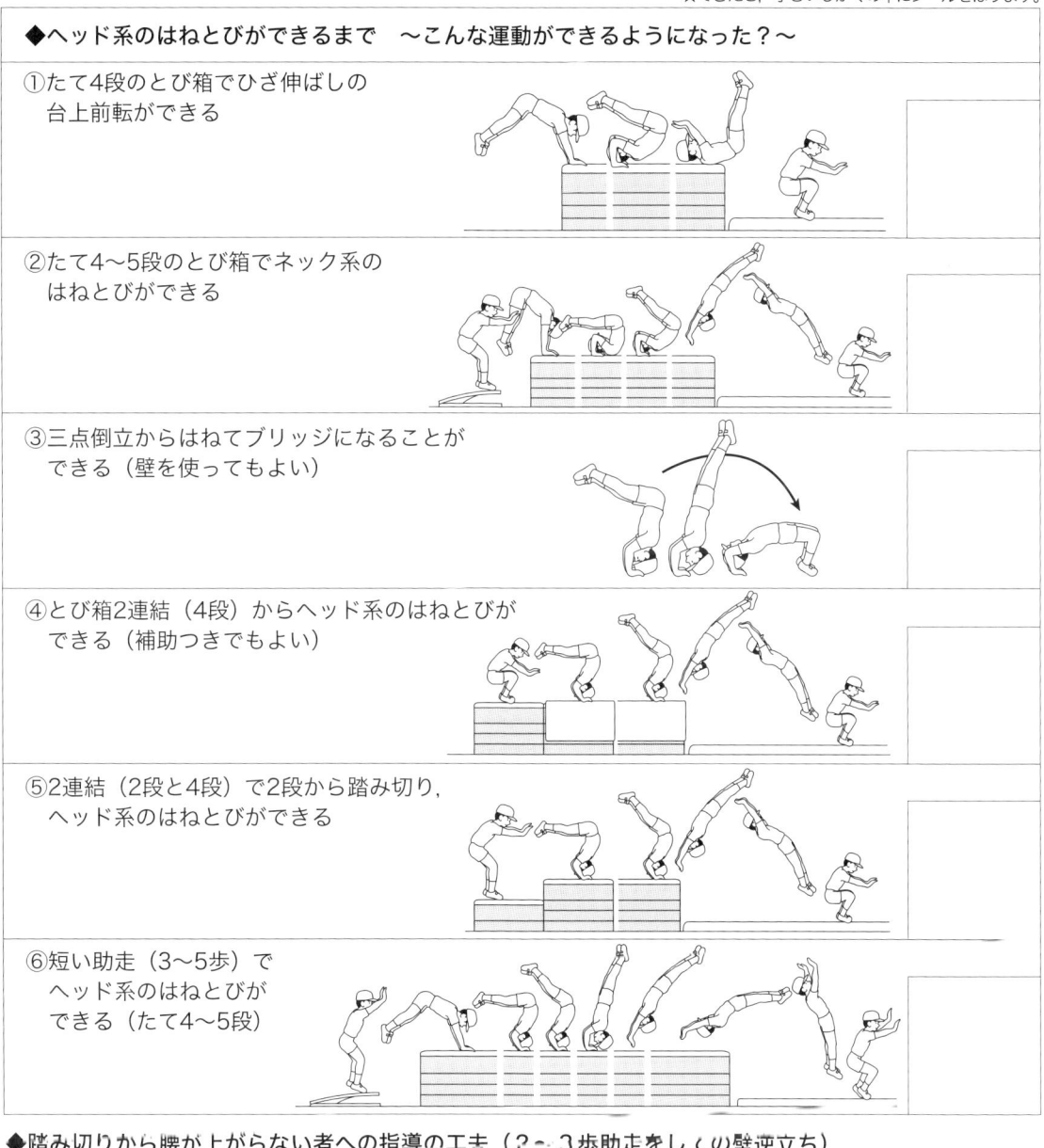

◆ヘッド系のはねとびができるまで　～こんな運動ができるようになった？～

① たて4段のとび箱でひざ伸ばしの
　台上前転ができる

② たて4～5段のとび箱でネック系の
　はねとびができる

③ 三点倒立からはねてブリッジになることが
　できる（壁を使ってもよい）

④ とび箱2連結（4段）からヘッド系のはねとびが
　できる（補助つきでもよい）

⑤ 2連結（2段と4段）で2段から踏み切り，
　ヘッド系のはねとびができる

⑥ 短い助走（3～5歩）で
　ヘッド系のはねとびが
　できる（たて4～5段）

◆踏み切りから腰が上がらない者への指導の工夫（2～3歩助走をしての壁逆立ち）

79

■著者紹介

山本　悟（やまもと　さとる）

1957年　山口県に生まれる
1982年　筑波大学大学院修士課程体育研究科修了（コーチ学専攻）
1986年－2007年 筑波大学附属小学校教諭
2007年4月より十文字学園女子大学准教授，2010年教授，現在に至る

・筑波学校体育研究会理事，初等教育研究会会員

【著書】
『体育科「学ぶ力」を育てる授業づくり』明治図書，1990年（共著）
『新しい学力観に立つ・体育科研究授業のヒント』明治図書，1995年（単著）
『写真で見る「運動と指導」のポイント　3跳び箱』日本書籍，1997年（単著）
『写真で見る「運動と指導」のポイント　7なわとび』日本書籍，1998年（単著）
『子どもが力をつける体育授業』不昧堂出版，2004年（共著）
『子どもの豊かさに培う共生・共創の学び－筑波プランと実践－』東洋館出版社，2004年（共著）
『苦手な運動が好きになるスポーツのコツ④球技』ゆまに書房，2005年（単著）

眞榮里　耕太（まえさと　こうた）

1980年　沖縄県に生まれる
2006年　早稲田大学大学院人間科学研究科修了
筑波大学附属小学校非常勤講師，早稲田実業学校初等部非常勤講師を経て，
2007年4月より筑波大学附属小学校教諭，現在に至る

・筑波学校体育研究会理事，初等教育研究会会員

<小学校体育>写真でわかる運動と指導のポイント　とび箱

© S.Yamamoto & K.Maesato 2008　　　　　　　　　　　　　NDC375／79p／26cm

初版第1刷発行	—	2008年6月15日
第3刷発行		2019年9月1日

著　者――――――山本　悟・眞榮里　耕太
発行者――――――鈴木一行
発行所――――――株式会社 大修館書店
　　　　　　　　〒113-8541　東京都文京区湯島2-1-1
　　　　　　　　電話03-3868-2651(販売部) 03-3868-2298(編集部)
　　　　　　　　振替00190-7-40504
　　　　　　　　[出版情報] https://www.taishukan.co.jp
編集協力――――――錦栄書房
装幀・本文レイアウト――阿部彰彦
印刷所――――――横山印刷
製本所――――――難波製本

ISBN 978-4-469-26663-4　　Printed in Japan
Ⓡ本書のコピー，スキャン，デジタル化等の無断複製は著作権法上での例外を除き禁じられています。本書を代行業者等の第三者に依頼してスキャンやデジタル化することは，たとえ個人や家庭内の利用であっても著作権法上認められておりません。